AF325020

TABLE

DES EDITS,

DECLARATIONS,

ARRESTS ET REGLEMENS

Rendus pendant la troisiéme année du Bail de

PIERRE CARLIER

CONCERNANT LES DOMAINES.

Commencée le premier Octobre mil sept cens vingt-huit,
& finie le dernier Septembre 1729.

A PARIS,

Chez la Veuve Saugrain & Pierre Prault, Imprimeur
des Fermes & Droits du Roy, Quay de Gesvres, au Paradis.

M. DCC. XXXI.

TABLE

DES EDITS, DECLARATIONS,

ARRESTS ET REGLEMENS

Rendus pendant la troisiéme année du Bail
de Mᵉ PIERRE CARLIER.

*Commencée le premier Octobre 1728, & finie le dernier
Septembre 1729.*

CONCERNANT LES DOMAINES DE FRANCE,
Controlle des Actes des Notaires, Petits Sceaux, Infi-
nuations Laïques, Centiéme Denier, Controlle des Exploits, Greffes, Amortissemens, Franc-Fiefs, & nouveaux
Acquêts, & Droits reservés dans les Cours & Jurisdictions
par les Edits des mois d'Aoust 1716. Janvier & Novembre 1717. & rétablis par la Declaration du 15 Mai 1722.

Du 5 Octobre 1728.

* ARREST du Conseil, qui casse & annulle la
Sentence du Sieur de la Roque, Lieutenant
General du Bailliage & Vicomté d'Auge, du
13 Septembre 1728. en consequence, condam-
ne Pierre Breard, ci-devant Tabellion à Pont-l'Evêque, &
les nommés Hauvel & le Deslié, chacun en deux cens livres
d'amende; le premier, pour avoir écrit, & les deux autres
pour avoir signé comme Témoins un Acte sous signature pri-

Domaines.   A

vée, du 5 Fevrier 1727. condamne le Sieur de Saint Eſtienne, partie au payement du Centiéme Denier & triple Droit des Actes portant vente & tranſport de Rente fonciere; Enjoint audit Sieur de la Roque de rendre ſes Jugemens en conformité des Edits, Declarations & Arreſts, &c.

Du 12 Octobre 1728.

*   Arreſt du Conſeil, qui declare l'Office de Conſeiller de Sa Majeſté, Controlleur General Alternatif des Finances en la Generalité de Toulouſe, dont Gabriel Falquiere joüiſſoit conjointement avec celui de Controlleur General des Domaines & Bois en ladite Generalité, n'avoir vaqué par ſon decès au profit de Sa Majeſté, attendu l'union d'icelui faite par les Declarations des 15 Mai 1692. & 30 Juin 1693. à l'Office de Controlleur General deſdits Domaines & Bois, au moyen de la Finance par lui payée pour en joüir en heredité; & ordonne que le Sieur Falquiere fils joüira du benefice deſdites Declarations, enſemble ceux pourvûs de pareils Offices unis dans les autres Generalités du Royaume, & qui ont financé en execution d'icelles, qui demeureront pareillement confirmés & rétablis en tant que beſoin ſeroit dans l'heredité d'iceux, conformément à l'Article XIII. de l'Edit du mois de Decembre 1727. comme ſi leſdits Offices unis y avoient été nommément exprimés, &c.

Du 20 Octobre 1728.

Inſtruction de Meſſieurs les Fermiers Generaux du Bail de Pierre Carlier, aux Commis des Fermes, au ſujet des Droits qui doivent être payés pour les Expeditions concernant les Fermes Generales, en conſequence des Arreſts du Conſeil des 26 Avril 1707, 27 Avril 1717, 10 Aouſt & 14 Septembre 1728. rendus à l'occaſion des Droits reſervés par l'Edit du mois d'Aouſt 1716. quatre ſols pour livres des Epices & Vacations des Juges & Gens du Roy, &c.

Du 26 Octobre 1728.

Arreſt du Conſeil, qui deboute Charles-François le Tellier, ci-devant Directeur & Receveur General des Droits manuels & reſervés dans la Generalité de Touloufe, de la demande par lui formée à la Cour des Aydes de Paris, le 25 Octobre 1727. contre Loüis Bourgeois, Fermier General; condamne ledit le Tellier à payer audit Bourgeois la ſomme de ſoixante-ſept mille deux cens quatre-vingt-dix-neuf livres ſix ſols deux deniers, à laquelle montent les debets clairs de ſes Comptes, à quoi faire il ſera contraint par les voyes ordinaires comme pour deniers Royaux; ordonne Sa Majeſté que ſur cette ſomme il ſera tenu compte par ledit Bourgeois audit le Tellier de celle de deux mille deux cens livres d'une part, à laquelle a été fixée la remiſe à lui accordée à cauſe de la vente qu'il a faite des Offices Municipaux & des Lettres de Maîtriſes, & celle de dix-huit cens cinq livres cinq ſols quatre deniers d'autre part, dûë à la décharge dudit le Tellier par le Sieur Richard, ci-devant Receveur ambulant deſdits Droits reſervés dans ladite Generalité de Touloufe, le tout ſans préjudice des autres demande, & prétentions dudit Bourgeois contre ledit le Tellier, &c.

Du 26 Octobre 1728.

Arreſt du Conſeil, qui ordonne qu'à compter des jours & dattes des ſaiſies faites entre les mains des Sous-Fermiers des Aydes, Domaines, & autres Droits y joints des Generalités de Soiſſons, Caën, Alançon, Bourges, Moulins, Châlons, Limoges, Bretagne, Roüen & Amiens, & des Sieurs du Martray, Gaudin, & le Duc leurs Caiſſiers, ils remettront dans le jour de la ſignification d'icelui au Sieur Gautier, Receveur General des Fermes, toutes les ſommes de deniers que chacun d'eux aura ledit jour entre ſes mains appartenans au Sieur Durand de Blonzac, provenans de ſes fonds d'avances, intereſts d'iceux, benefices, Droits de

Prefence fixes & autres, jufqu'à concurrence de la fomme de onze mille deux cens vingt-fept livres treize fols dix deniers de debet clair, dû par ledit Sieur Durand de Blonzac; quoi faifant, ils en demeureront bien & valablement quittes & déchargés envers lui & tous autres, à l'effet de quoi feront lefdits Sous-Fermiers, enfemble leurs Caiffiers tenus de délivrer chacun pour ce qui les concerne & dans le délai ci-deffus fixé, aux Cautions de Loüis Bourgeois, Fermier General un Bordereau d'eux certifié veritable, de ce qui revient audit Sieur de Blonzac dans lefdits fonds; & au cas que les fommes étant actuellement entre les mains defdits Sous-Fermiers & leurs Caiffiers ne foient pas fuffifantes pour acquitter en entier ledit debet, veut que les faifies faites par ledit Bourgeois les 6 & 9 Septembre 1727. fubfiftent jufqu'à l'entier acquittement dudit debet, & fait défenfes aufdits Sous-Fermiers & leurs Caiffiers de payer aucune fomme audit Durand, à peine d'en répondre en leur propre & privé nom, &c.

Du 28 Octobre 1728.

* Lettres Patentes *Regiftrées en Parlement le 14 Decembre audit an* 1728. qui ordonnent la vente pendant fix ans des Baliveaux qui font fur les taillis de la Forêt de Guigues, Maîtrife de Calais, &c.

Du 28 Octobre 1728.

* Lettres Patentes *Regiftrées en Parlement le premier Decembre audit an* 1728. qui reglent les Coupes de la Forêt de Maleveille en Auvergne, appartenante à Sa Majefté, &c.

Du 9 Novembre 1728.

* Arreft du Confeil, qui proroge jufqu'au dernier Juin 1729. le délai accordé par celui du 13 Janvier 1728. pour le Controlle des Actes de foi & hommage, &c.

Du 9 Novembre 1718.

Arrest du Conseil & Lettres Patentes sur icelui, du 31 Decembre audit an, *Registrées dans les Cours de Parlement, Aydes & Conseils superieurs de Paris, Roüen, Dijon, Bordeaux, Aix, Pau, Rennes, Toulouse, Grenoble, Metz, Doüay, Clermont, Montpellier, Perpignan, Bezançon, Montauban & Dolle,* qui ordonnent que Loüis Bourgeois, Fermier General des Fermes-Unies du Bail commencé au premier Janvier 1721. fini au dernier Decembre 1726. suivant le resultat du Conseil, du 10 Septembre de ladite année 1726. demeurera déchargé & ses Cautions de compter de la recette & dépense qui a été faite des amendes consignées dans toutes les Cours & Jurisdictions du Royaume pendant les six années dudit Bail, attendu que tous les deniers provenans des amendes consignées pendant ces six années, tant en ses mains, qu'en celles de Charles Cordier, Charles Basset & Martin Girard, qui avoient été chargés de la Regie des Domaines & Droits reservés, ont été portés au Tresor Royal à la déduction seulement des amendes restituées aux Parties avec tous les fonds du produit des autres Droits desdites Regies, & ont fait partie du prix du Bail dudit Bourgeois, dont il est tenu de compter, tant audit Conseil qu'à la Chambre des Comptes ; à l'effet de quoi il est dérogé à cet égard seulement à ce qui est prescrit au sujet des Comptes des amendes de Consignation par l'Edit du mois de Fevrier 1691. la Declaration du 17 Octobre 1699. & autres Edits & Reglemens ; ordonnent en outre que Pierre Carlier, Adjudicataire des Fermes Generales-Unies pour les six années commencées au premier Janvier 1727. sera tenu, conformément à l'Article 528. de son Bail, de rendre & restituer aux Parties lesdites amendes consignées, dont la restitution a été & sera ci-après ordonnée en quelque temps que la consignation en ait été faite, & ce sur les fonds desdites amendes qui ont été & seront consignées en ses mains, à compter dudit jour premier Janvier 1727. &c.

Du 30 Novembre 1728.

Arreſt du Conſeil, qui deboute le Sieur du Soſoy de ſa Requeſte, & ordonne que le Jugement Contradictoire du Bureau des Finances de Grenoble du 12 Avril 1726. ſera executé ſelon ſa forme & teneur ; en conſequence, que ledit Sieur du Soſoy ſera tenu de payer aux Officiers du Domaine les ſix ſols pour livre des Droits de Lods & Ventes des Terres de Sauſon, Barbieres & Rochefort relevant de Sa Majeſté, à l'effet de quoi il ſera tenu de repreſenter au Receveur General des Domaines le Contrat d'Acquiſition, pour être procedé à la liquidation deſdits Droits ; & à faute de ce faire dans le délai d'un mois, du jour de la ſignification d'icelui ; ordonne que par les Treſoriers de France de Grenoble il ſera procedé à l'eſtimation deſdites Terres, & liquidation deſdits Droits, &c.

Du mois de Decembre 1728.

* Edit du Roy, Regiſtré en Parlement le 4 Fevrier 1729. portant ſuppreſſion de la Maîtriſe de Murat, créée par Edit du mois de Janvier 1678. de celle de Riom créée par Edit du mois de Novembre 1689. & des Offices deſdites Maîtriſes, ſauf à être pourvû au rembourſement des Proprietaires deſdits Offices & création de trois Sieges de Maîtriſes particulieres des Eaux & Foreſts dans la Province d'Auvergne ; ſçavoir, une Maîtriſe particuliere dans ladite Ville de Murat, une en la Ville d'Ambert, & la troiſiéme en ladite Ville de Riom, à condition toutefois que les Officiers qui ſeront nommés dans leſdites Maîtriſes reſideront dans la Ville où ſera le Siege de ladite Maîtriſe, ou aux environs, qui ne pourra être à plus d'une lieuë de diſtance, à peine de confiſcation de leurs gages & chauffages, &c.

Du 7 Decembre 1728.

* Arreſt du Conſeil, portant que les Edits des mois de Decembre 1701. & 1727. enſemble les Declarations &

Arrefts rendus en confequence, feront executés felon leur
forme & teneur; ce faifant, caffe & annulle les Ordonnances renduës fur Requeftes au Bureau des Finances de Lille
les 20 & 23 Juillet 1728. enfemble les fentences des 29 dudit mois de Juillet & 5 Aouft fuivant, & tout ce qui s'en eft
enfuivi; ordonne que les poffeffeurs actuels des biens mou-
vans de Sa Majefté, tant en Fiefs que Rotures, foit qu'ils
les poffedent à titre d'heritiers en ligne directe ou autrement,
feront tenus de faire enregiftrer ou enfaifiner le titre de leur
proprieté par le Receveur General des Domaines, & les
faire controller par le Controlleur General defdits Domaines & payer les Droits d'Enregiftrement & de Controlle,
conformément aufdits Edits, fans que les Treforiers de France, Secretaires du Roy & tous autres Privilegiés en puiffent
prétendre l'exemption, & que les Contraintes qui feront à
cet effet decernées par le Receveur General, feront executées par provifion nonobftant toutes oppofitions & empê-
chemens, conformément audit Edit du mois de Decembre
1727. &c.

Du 14 Decembre 1728.

Arreft du Confeil qui évoque à icelui l'Inftance pendante
en la Cour des Aydes de Paris entre Loüis-Pommier Def-
granges, Infpecteur des Domaines, Controlle des Actes,
Greffe, Amortiffemens & Franc-Fiefs dans la Generalité
de Tours, Loüis Bourgeois, Fermier General des Fermes-
Unies, Pancrace Beauvat, Sous-Fermier defdits Droits, &
le Sieur Faifolle, actuellement Directeur des mêmes Droits
audit Tours, & en confequence renvoye les Parties à proceder devant le Sieur Intendant en ladite Generalité de
Tours, que Sa Majefté a commis à cet effet, lui en attri-
buant toute Cour, Jurifdiction & connoiffance, & icelle
interdifant à toutes fes Cours & autres Juges, &c.

Du 14 Decembre 1728.

* Arrest du Conseil, qui ordonne que la Declaration du 19 Mars 1696. & les Arrests des 24 Mai 1718. & 7. Septembre 1720. concernant le Controlle des Actes des Notaires, seront executés selon leur forme & teneur; en consequence, faisant droit sur la Requeste de François Courtin, Fermier des Droits de Controlle de la Province d'Auvergne, & sans s'arrêter à l'appel interjetté par Aunet Cottier, Notaire Royal à Thiers, & Pierre Chaise, aussi Notaire Royal à Volore de l'Ordonnance du Sieur de la Grandville du 25 Mai 1728. dont ils sont deboutés, que ladite Ordonnance sera executée selon sa forme & teneur, & fait défenses ausdits Chaise & Cottier & à tous autres Notaires de faire controller leurs Actes en d'autres Bureaux qu'en ceux établis dans les lieux de l'étenduë de leur résidence, aux peines portées par les Reglemens, &c.

Du 14 Decembre 1728.

* Arrest du Conseil, qui ordonne qu'aucunes Communautés d'Habitans ne pourront encherir les Justices & Domaines qui seront mis en revente en execution de celui du 13 Mai 1724. qu'elles n'ayent fait connoître aux Sieurs Intendans & Commissaires départis les motifs qui les détermineront pour acquerir lesdites Justices & Domaines, l'utilité qu'elles en peuvent retirer, & de quels fonds elles entendent faire les remboursemens dûs aux anciens Engagistes, & de payer le courant des rentes dont elles se trouveront chargées; pour être les déliberations qui auront été prises par lesdites Communautés, approuvées ou rejettées par lesdits Sieurs Intendans & Commissaires départis, ainsi qu'il leur paroitra convenir au bien desdites Communautés; & à cet effet fait défenses à tous Avocats du Conseil de requerir les adjudications pour & au profit desdites Communautés, si ce n'est en vertu de déliberations bien & dûement autorisées par lesdits Sieurs Commissaires départis, à peine par

lesdits

lesdits Avocats d'être tenus en leurs propres & privés noms
du payement, tant de la Finance des anciens Engagistes, que
des rentes annuelles envers le Domaine de Sa Majesté,
sans qu'ils puissent, ni ceux qui leur auront donné des pou-
voirs, en faire en aucun temps cession ou declaration au
profit desdites Communautés, &c.

Du 21 Decembre 1728.

Arrest du Conseil, qui ordonne que les Quittances de
Claude Langlois, Receveur General des Domaines de la
Generalité de Caën, des 2 Mai & 14 Juillet 1728. & 29 Octobre 1727. celles de Jean-Baptiste Berland, Receveur General des Domaines de la Generalité d'Alençon, des 12
Avril & 7 Aoust 1728. & 8 Fevrier 1727. celle de Joseph
Estienne, Receveur General des Domaines de la Province
de Bearn, du 17 Novembre 1727. celles du Sieur France,
Receveur General des Domaines de la Generalité de Montauban, des 11 Fevrier & 6 Aoust 1727, 31 Mars & 23
Juin 1728. celles de François Rougeot, Receveur General
des Domaines de la Generalité de Dijon des 20 Decembre
1726. 7 Fevrier, 3 Juillet & 12 Aoust 1727, 3 Mars, 2 Avril,
28 Juin & 3 Aoust 1728. celles du Sieur Leleu de Livry,
Receveur General des Domaines de la Generalité de Bourges, des 30 Decembre 1727. & 28 Juin 1728. celles de
Pierre Moiner, Receveur General des Domaines du Comté de Bourgogne, des 31 Mars 1727. & 17 Juin 1728. &
celle de Jean Salamon, du 23 Juin 1728. seront regiltrées
au Controlle General des Finances par le Sieur Soubeyran,
Garde des Registres du Controlle General, que Sa Majesté
a commis & commet à cet effet, encore que le temps prescrit par les Reglemens, soit expiré, & sans encourir la peine portée par la Declaration du 6 Mars 1716. à condition
que lesdites Quittances seront remises au Bureau dudit Controlle General desdites Finances dans un mois du jour de la
datte d'icelui, &c.

Du 21 Decembre 1728.

* Arreſt du Conſeil, qui ordonne ſans avoir égard à la Requeſte des enfans & heritiers de Madeleine Troges, veuve
en ſecondes Noces de Jacques Cornu, Huiſſier au Bailli-
ge de Montfort-Lamaury, que les Edits, Declarations &
Reglemens concernant les Droits d'Inſinuation des ſubſtitutions ſeront executés ſelon leur forme & teneur; en conſequence, condamne leſdits enfans & heritiers de ladite
Madeleine Troges à payer trois Droits d'Inſinuation pour
chacun Corps de ſubſtitutions portées par le Teſtament de
ladite Madeleine Troges leur mere, liquidés ſur le pied de
la troiſiéme Claſſe de l'Article V. du Tarif du 29 Septembre
1722. à quoi faire ils ſeront contraints comme pour les propres deniers & Affaires de Sa Majeſté, &c.

Du 22 Decembre 1728.

* Arreſt du Conſeil, qui declare en interpretant en tant
que beſoin ſeroit l'Article XCVII. du Tarif du 29 Septembre 1722. n'avoir entendu aſſujettir à la formalité du Controlle, ni au payement des Droits, les Extraits des Livres des
Marchands, qu'au cas que leſdits Extraits fuſſent ſignés &
arrêtés par les redevables; & ordonne au ſurplus que leſdits
Extraits de Livres entre Marchands pour fourniture de Mar-
chandiſes concernant leur Negoce, demeurent exempts dudit Controlle quoique ſignés & arrêtés conformément audit Article XCVII. dudit Tarif, &c.

Du 26 Decembre 1728.

Arreſt du Conſeil, qui deboute le Sieur Leleu, Créan-
cier hypotequaire, tant du Sieur Jean-François Vabois ci-
devant Prepoſé à la Recette des Domaines de Landre-
cis, & des Droits de Controlle des Actes & autres Droits
y joints, que de la ſucceſſion de la Veuve Vabois de ſon
oppoſition, & ordonne que celui du 15 Juin 1728. ſera
executé; ce faiſant, que Loüis Bourgeois, Fermier General des Fermes-Unies, touchera par privilege & preference

audit Leleu & à tous autres Creanciers les arrerages de Rentes & autres sommes mobiliaires dûës à ladite succession de ladite veuve Vabois, jusqu'à concurrence de la somme de six mille livres portée au cautionnement solidaire, tant de ladite veuve, que du Sieur Estienne son gendre, comme aussi les sommes dûës audit Vabois, jusqu'à concurrence du montant des debets de ses Comptes, à vuider leurs mains, seront les Locataires, Payeurs des Rentes & autres debiteurs contraints; ensemble le Sieur Denis pour les sommes par lui dûës, nonobstant toutes saisies & oppositions, desquelles Sa Majesté fait dès-à-present pleine & entiere mainlevée, &c.

Du 4 Janvier 1729.

Arrest du Conseil, qui ordonne que par le Sieur de Beaussan, Intendant à Poitiers, les Principaux Habitans des Paroisses voisines de celle de Journée, seront entendus par forme d'Enqueste, pour sçavoir si lesdits Habitans de Journée sont ou ne sont pas dans une possession ancienne d'envoyer leurs Bestiaux pacager dans les Territoires ou Brandes de Richazer, de la Fosse à la Carpe & de la Mothe de Beaulieu, dont il dressera son Procès verbal, le tout aux frais & dépens desdits Habitans de Journée, & sans qu'ils puissent prétendre aucune répetition d'iceux, pour ledit Procès verbal rapporté au Conseil avec l'avis dudit Sieur Intendant, être ordonné ce qu'il appartiendra, &c.

Du 11 Janvier 1729.

Arrest du Conseil, qui ordonne que la somme de cinq cens soixante-neuf livres sept deniers à laquelle montent les Gages intermediaires de l'Office de Controlleur des Deniers de Police, dont étoit pourvû le Sieur le Meiguan pour l'année 1725. sera payée par le Sieur Gouillard nouvellement pourvû de l'Office de Tresorier des Deniers de Police à Paris, à Loüis Bourgeois, précedent Adjudicataire des Fermes Generales, ou au fondé de sa Procuration speciale, & non au Tresor Royal; dérogeant à cet égard seulement à celui du

premier Juin 1728. qui au furplus fera executé felon fa forme & teneur, & veut qu'au refus par ledit Gouilard de payer
ladite fomme audit Bourgeois, il y foit contraint par les
voyes & ainfi qu'il eft porté par lefdites Declarations &
Arrefts des 22 Decembre 1726. & 4 Fevrier 1727. &c.

Du 11 Janvier 1729.

Arreft du Confeil, qui ordonne que trois Quittances dé-
livrées à Pierre Carlier, Adjudicataire General des Fermes-
Unies de Sa Majefté par le Sieur Gruyn, Garde du Trefor
Royal, dattées du premier Octobre 1728. l'une de la fomme
de onze mille livres libellée à la décharge du Sieur Lefol,
Payeur des Gages des Officiers du Parlement de Dijon fur
le dixiéme des Gages defdits Officiers dudit Parlement de
Dijon de l'année 1727. l'autre de la fomme de huit mille livres à la décharge du Sieur Deformes Dupleffis, Payeur des
Gages des Officiers de la Chambre des Comptes de Dijon
fur le dixiéme des Gages defdits Officiers de ladite Chambre, de la même année 1727. & l'autre de la fomme de huit
mille neuf cens trente-deux livres dix-huit fols onze deniers,
à la décharge dudit Pierre Carlier fur le prix de fon Bail,
feront controllées & enregiftrées au Controlle General des
Finances, encore que le temps prefcrit par les Reglemens
foit expiré, & ce fans tirer à confequence, &c.

Du 11 Janvier 1729.

Arreft du Confeil, qui évoque à iceluy l'Inftance pendante au Bureau des Finances de Montauban entre le Sieur
Evêque de Montauban, le Chapitre de l'Eglife, le Fermier
General des Domaines, & les nommés la Vergne & Comté,
pour être l'inftruction de ladite Inftance continuée avec l'un
des Infpecteurs Generaux du Domaine, pardevant le Sieur
Trudaine, Maître des Requeftes, que Sa Majefté a à cet
effet commis, pour après qu'il en aura communiqué au Bureau du Domaine, être à fon Rapport en la grande Direc-
tion ordonné ce qu'il appartiendra, &c.

Du 25 Janvier 1729.

Arreſt du Conſeil, par lequel Sa Majeſté ſans avoir égard à celui de la Chambre des Comptes de Dijon du 8 Mars 1728. qui condamne les Sieurs Bailly & Cervoiſier, Payeurs des Gages du Parlement de Bourgogne à tous les frais & dépens des pourſuites qui leur ont été faites à la requeſte de Loüis Bourgeois, précedent Adjudicataire des Fermes Generales, ſes Procureurs & Commis, ſoit par établiſſement de Garniſon ou autrement, faute par eux d'avoir ſatisfait à l'Arreſt du Conſeil du 4 Fevrier 1727. & aux Lettres Patentes expediées ſur icelui, & ce ſuivant la liquidation deſdits frais & dépens, qui ſera faite par le Sieur Intendant & Commiſſaire départi dans ladite Province de Bourgogne. Veut qu'il ne ſoit tenu compte par ledit Bourgeois auſdits deux Payeurs, des diminutions d'eſpeces qu'ils prétendent avoir ſupportées ſuivant les Procès verbaux qu'ils ont produits, qu'à la charge par eux de rapporter, non ſeulement de ſemblables Procès verbaux pour les augmentations d'Eſpeces, mais encore des Certificats en bonne forme des Directeurs & Controlleurs de la Monnoye, juſtificatifs de la converſion qu'ils ont dû faire des vieilles Eſpeces dont ils étoient dépoſitaires ; & que faute par eux de rapporter dans un mois leſdits Procès verbaux d'Augmentation & Certificats, ils ſoient contraints à remettre audit Bourgeois ou à ſes Prépoſés le fonds total des Gages intermediaires reſtés entre leurs mains, ſans aucune déduction des diminutions d'Eſpeces par eux prétenduës : & ordonne au ſurplus que ledit Arreſt du Conſeil du 4 Fevrier 1727. & les Lettres Patententes expediées ſur icelui le 25 Mars ſuivant, ſeront executés ſelon leur forme & teneur par tous les Treſoriers, Receveurs, Payeurs & autres Comptables du Royaume ſans exception, en conſequence, & faute par eux d'y ſatisfaire & vuider leurs mains des fonds provenans deſdits Gages intermediaires, qu'ils y ſeront contraints par établiſſement de Garniſon réelle & autres voyes ordinaires & accoûtumées pour le recouvrement des deniers Royaux ſur les ſimples Contraintes dudit Bourgeois ſes Pro-

cureurs ou Commis visés du Sieur Intendant & Commissai-
re départi dans chaque Département, &c.

Du premier Fevrier 1729.

Arrest du Conseil, qui ordonne que les Quittances Comptables comprises dans celui du 21 Decembre 1728. seront
registrées au Controlle General des Finances par le Sieur
Perrotin de Barmont, Garde des Registres du Controlle
General, Commis à cet effet au lieu & place du feu Sieur
de Soubeyran, à condition que lesdites Quittances seront
remises au Bureau dudit Controlle General des Finances
dans un mois, à compter du jour de la datte d'icelui, &c.

Du 8 Février 1729.

*   Arrest du Conseil, qui ordonne que les Edits, Declarations, Arrests & Reglemens rendus sur les Présentations, seront executés selon leur forme & teneur; & en consequence, fait très-expresses inhibitions & défenses aux Procureurs
au Châtelet de Paris, & à tous autres de faire aucunes pour-
suites & procedures sur aucunes Assignations avant de s'être
presentés sur le Registre des Présentations, & d'avoir payé
les Droits de Controlle d'icelles, & aux Greffiers de délivrer aucunes Sentences que la Présentation n'y soit dattée,
à peine d'interdiction & de trois cens livres d'amende pour
chacune contravention, laquelle ne pourra être remise ni
moderée pour quelque cause & sous quelque prétexte que
ce soit; condamne les nommés Rousseau, Tennesson &
Brigeon, Procureurs audit Châtelet, chacun en trois cens
livres d'amende pour chacune des contraventions par eux
commises & mentionnées aux Procès verbaux des premier
& 10 Decembre 1728. à la restitution des Droits de Présentations & Controlle d'icelles, au payement desquels Droits
& amendes ils seront chacun à leur égard contraints comme pour les propres deniers & Affaires de Sa Majesté; declare nulles toutes les procedures faites par lesdits Rousseau,
Tennesson & Brigeon sur les Assignations mentionnées aus-

dits deux Procès verbaux : fait défenses aux Parties de s'en servir, à peine de faux ; & condamne lesdits Rousseau, Tennesson & Brigeon aux Dommages & interests de leurs Parties, resultans de la nullité desdites procedures, &c.

Du 19 Fevrier 1729.

* Arrest du Conseil & Lettres Patentes sur icelui, *Registrées en la Chambre des Comptes le 15 Juin* 1729. qui ordonnent que l'Edit du mois de Decembre 1726. concernant la Regie du Domaine de Meudon, sera executé selon sa forme & teneur ; & en consequence, qu'il sera annuellement arrêté au Conseil un Etat des Charges assignées sur ledit Domaine & Adjudications des Bois en dépendans, dans lequel seront compris par Chapitres distincts & separés les Gages & Appointemens des Officiers préposés & Domestiques, les dépenses extraordinaires, les Rentes, Fondations & Pensions que Sa Majesté jugera à propos d'accorder sur ledit Domaine ; lesquels Gages & Appointemens, seront payés ausdits Officiers & Domestiques, conformément à l'Etat qui en aura été arrêté, & passés dans les Etats & Comptes des Receveurs Generaux des Domaines & Bois de la Generalité de Paris, & ce seulement en attendant, & jusqu'à ce que l'Inventaire des Contrats d'Acquisitions faittes au profit de Sa Majesté & des autres Titres de la Seigneurie dudit Domaine & dépendances ait été fait & remis avec lesdits Contrats, Titres & Papiers dans les Archives de la Chambre des Comptes de Paris, pour après ledit Inventaire & dépôts faits, & avoir eu sur ce l'avis des Officiers de ladite Chambre des Comptes, être ordonné ce qu'il appartiendra pour la continuation du payement desdites rentes foncieres, Redevances & autres charges en la forme qui sera reglée par Sa Majesté, &c.

Du 22 Fevrier 1729.

* Arrest du Conseil, qui ordonne que les Receveurs particuliers des Eaux, Forests & Bois qui avoient été supprimez

par l'Edit du mois de Juin 1725. & qui ont été maintenus par celui du mois de Decembre 1727. joüiront de tous les Droits d'Heredité attribués à leurs Offices, ainsi qu'ils en joüissoient avant l'Edit de Revocation de l'heredité du mois de Decembre 1709. & de la même maniere qu'en joüissent actuellement les Receveurs & Controlleurs Generaux des Domaines & Bois qui y ont été maintenus & rétablis par l'Article XIII. dudit Edit du mois de Decembre 1727. dans lequel lesdits Receveurs particuliers des Eaux, Forests & Bois ont été omis, comme s'ils y avoient été nommément compris, sans être tenus de payer aucuns Droits de Mutation, Sa Majesté les declarans n'y être sujets, ainsi que les autres Officiers hereditaires, nonobstant qu'ils paroissent y avoir été assujertis par l'Arrest du 11 Janvier 1729. qui les maintient dans l'heredité, conformément aux Edits de leur Création, auquel il est dérogé à cet égard, &c.

Du 22 Mars 1729.

* Arrest du Conseil, qui ordonne en expliquant, en tant que besoin est, les Articles IV. & VI. de la Declaration du 20 Mars 1708. qu'il ne sera payé que le Droit de Centiéme denier pour les usufruits des biens immeubles, à quelques Titres qu'ils soient donnés ou acquis sur le pied de l'évaluation qui sera faite du fond de l'usufruit à raison du denier dix, &c.

Du 22 Mars 1729.

* Arrest du Conseil, qui ordonne que les Receveurs & Controlleurs Generaux des Domaines & Bois, & les Receveurs particuliers des Bois, leurs veuves, enfans & heritiers qui ont payé le supplément de Finance; pour lequel ils ont été employés dans les Rolles arrêtez au Conseil en execution de l'Edit du mois de Decembre 1727. joüiront de tous les Gages, Taxations, Droits, Exemptions & Privileges à eux attribués. Et à l'égard de ceux des Receveurs & Controlleurs Generaux desdits Domaines & Bois & Receveurs particuliers des Bois qui n'auront pas payé en entier

dans

dans un mois du jour de la signification d'icelui leur cotte-
part dudit supplément de Finance, veut qu'ils soient & demeurent déchûs des Privileges, Gages, Droits & Taxations
à eux attribués par ledit Edit du mois de Decembre 1727.
& autres Edits précedemment rendus & qu'il soit commis
à l'exercice & fonctions de leurs Offices sur les Commissions du grand Sceau, pour par lesdits Commis joüir de tous
lesdits Droits & Taxations attribués ausdits Offices, veut en
outre que ledit temps passé ils demeurent assujettis au payement du prêt & annuel, & du Droit de Confirmation dont
ils avoient été dispensés, &c.

Du 29 Mars 1729.

* Arrest du Conseil, qui ordonne sans avoir égard à l'Ordonnance du Sieur Intendant de Champagne du 3 Decembre
1727. au chef qui décharge les nommés Gaillard, Huissier,
Fourrey Procureur postulant, & Jacques Caillot, Marchand,
des amendes par eux encouruës, que ceux des 27 Avril 1706.
& 29 Decembre 1716. concernant le Controlle des Actes
sous signatures privées, seront executées selon leur forme &
teneur ; & en consequence condamne lesdits Caillot, Gaillard & Fourrey chacun en trois cens livres d'amende, &c.

Du 10 Mai 1729.

Arrest du Conseil, qui ordonne que nonobstant l'erreur
de nom qui se trouve dans l'Estat Roy de l'année mil sept
cens vingt-six à l'Article du feu Sieur Bosquillon, le Sieur
Fontaine de Bois du Four, Receveur des Tailles de Clermont en Beauvaisis, payera à Loüis Bourgeois, précedent
Adjudicataire des Fermes Generales, ses Procureurs ou Commis les sommes ausquelles montent les Gages intermediaires des quatre Offices de Lieutenant General & Lieutenant
Particulier au Bailliage dudit Clermont, & de Lieutenant
General de Police de ladite Ville, dont ledit feu Sieur Bosquillon étoit pourvû ; quoi faisant, il en demeurera bien &
valablement quitte & déchargé, à l'effet de quoi la Quit-

tance qui lui en fera fournie, fera paſſée & alloüée fans dif-
ficulté dans ſes Comptes à la Chambre des Comptes, & veut
qu'à défaut de payement par ledit Sieur de Bois du Four, il
y ſoit contraint par les voyes accoûtumées, & comme il
eſt porté par la Declaration du 22 Decembre 1726. &c.

Du 31 Mai 1729.

* Arreſt du Conſeil, qui ordonne que les Reglemens concernant le Controlle des Actes ſous ſignature privée, & notamment celui dudit Conſeil du 16 Decembre 1727. ſeront
executés ſuivant leur forme & teneur, & en conſequence
caſſe une Ordonnance du Sieur Leſcalopier, Intendant de
Champagne, du 11 Mars 1729. condamne les Religieux de
l'Abbaye de Notre-Dame des Trois Fontaines, en deux cens
livres d'amende, pour avoir mis au bas d'un Bail paſſé pardevant Notaire la Continuation du même Bail ſous ſignature
privée, & Jean Carré, Maître des Poſtes du lieu de Perthes,
au profit duquel étoit le Bail, en pareille amende de deux
cens livres, & en outre à la reſtitution des Droits de Controlle dudit Acte & des frais taxés par ladite Ordonnance,
&c.

Du 25 Juin 1729.

* Declaration du Roy, qui ordonne que l'Edit du mois
de Decembre 1703. & les Declarations données en conſequence, notamment celle du 20 Mars 1708. ſeront executées ſelon leur forme & teneur ; ſans néanmoins que les
Dons mobiles, Augmens, contre-Augmens, Engagemens,
Droits de Retention, Agencemens, Gains de Nôces & de
Survie dans les Païs où ils ſont en uſage, ſoient cenſés avoir
été compris dans la diſpoſition deſdits Edits & Declarations,
qui porte la peine de nullité, encore qu'ils n'ayent pas été
inſinués dans les formes & délais preſcrits par leſdits Edits
& Declarations ; & declare qu'audit cas, ceux qui auront
negligé de ſatisfaire à cette formalité, n'ont dû & ne doivent être regardés que comme ſujets aux autres peines prononcées par leſdits Edits & Declarations ; à l'effet de quoi

il est dérogé, en tant que besoin seroit, à toutes dispositions des Ordonnances précedentes qui pourroient paroître contraires, &c.

Du 28 Juin 1729.

* Arrest du Conseil, qui ordonne que la Declaration du 6 Decembre 1707. sera executée suivant sa forme & teneur; en consequence, condamne les Sieurs Loüis de Beaufremont, Pierre Mailtrault, Procureur au Bailliage de Chaumont en Bassigny, du Bettier, Huissier, & Beauval, Commis au Greffe dudit Bailliage, chacun en l'amende de deux cens livres, comme aussi les Officiers dudit Bailliage de Chaumont, en pareille amende de deux cens livres, au payement desquelles amendes ils seront contraints, chacun pour ce qui les concerne comme pour les propres deniers & Affaires de Sa Majesté, declare nulle & de nul effet la Sentence dudit Bailliage de Chaumont, du 11 Mai 1725. ainsi que tout ce qui s'en est ensuivi, & fait iteratives défenses ausdits Officiers & à tous autres, d'avoir égard aux Actes passés en Païs Etranger, ou dans les lieux où le Controlle n'est pas établi, que lesdits Actes n'ayent été préalablement controllés, conformément à ladite Declaration du 6 Decembre 1707. & aux peines y portées, &c.

Du 5 Juillet 1729.

* Arrest du Conseil, qui deboute les Administrateurs de l'Hôpital de Bon-secours, de la Ville de Metz, de leur Requeste, ordonne que l'Ordonnance du Sieur de Creil, du 21 Decembre 1724. sera executée selon sa forme & teneur; & en consequence, que lesdits Administrateurs seront tenus de payer à Jean-Baptiste Adam, proposé par Charles Basset à la Recette des Droits d'Amortissement dans ladite Ville de Metz, les Droits d'Amortissement de l'acquisition d'heritages par eux faite pour ledit Hôpital, moyennant mille six cens soixante livres de principal, par Contrat du 16 Avril 1721. Ordonne en outre que lesdits Administrateurs seront

tenus de payer audit Adam lesdits Droits d'Amortiſſement
de la Maiſon cedée audit Hôpital pour cauſe de Fondation
par la Dame de Courcelle , par Acte du 3 Octobre 1724.
au payement deſquels Droits ſeront leſdits Adminiſtrateurs
contraints comme pour les propres deniers & Affaires de
Sa Majeſté , ſauf néanmoins à ſe pourvoir devant ledit Sieur
de Creil pour la liquidation deſdits Droits d'Amortiſſement,
&c.

Du 19 Juillet 1729.

*   Arreſt du Conſeil, qui ordonne que les Declarations des
21 Mars 1671, & 23 Fevrier 1677. renduës en interpreta-
tion de l'Edit d'Etabliſſement du Controlle , des Exploits
du mois d'Aouſt 1669. enſemble les Arreſts du Conſeil des
26 Janvier 1689. & 21 Juin 1704. ſeront executés ſuivant
leur forme & teneur ; en conſequence , fait défenſes à
l'Adjudicataire general des Fermes - Unies , aux Sous-
Fermiers & leurs Commis & Prépoſés à la Perception des
Droits de Controlle & ſcel des Actes judiciaires, d'exiger à
l'avenir aucun Droit de Controlle des Procès verbaux , Rap-
ports & Exploits des Huiſſiers, Sergens & Gardes des Eaux &
Foreſts , des Certificats d'appoſition d'Affiches pour les Ventes des Bois du Roy , de ceux des Communautés Eccleſiaſti-
ques & Laïques, & des autres gens de Main-morte qui ſe feront à la requeſte des Procureurs du Roy & des Procès verbaux de Recollemens , Sentences de Congé de Cour , Exploits d'Aſſignations donnés aux délinquans , Significations,
Commandemens , Saiſies , Executions, Contraintes & Em-
priſonnemens, & de tous autres generalement quelconques
qui ſe feront à la requeſte deſdits Procureurs du Roy aux
Sieges des Eaux & Foreſts , même lorſque les pourſuites ſe
feront à la diligence des Receveurs & Collecteurs des amendes , à peine de mille livres d'amende contre les contreve-
nans avec la reſtitution des Droits induëment reçûs , &c.

Du 19 Juillet 1729.

*   Arreſt du Conſeil, qui ordonne que celui du 13 Juillet

1728. sera executé suivant sa forme & teneur ; en confequence, que les Greffiers Secretaires des Chapitres des Egli-
ses de Reims, Châlons & autres, seront tenus dans un mois
du jour de la signification d'icelui, de faire controller les
Actes de Prise de possession des Benefices & autres Actes
par eux reçûs depuis celui du 10 Octobre 1724. & de la
nature de ceux qui sont de la competence des Notaires Apos-
toliques, sinon, & ledit temps passé, lesdits Secretaires &
Greffiers seront contraints au payement des Droits de Controlle desdits Actes, & à deux cens livres d'amende pour chacun de ceux qui se trouveront non controllés, & ordonne
en outre qu'à l'avenir lesdits Secretaires des Chapitres de
Reims & Châlons, & tous autres Secretaires desdits Chapitres seront tenus de faire controller dans la quinzaine tous
ceux desdits Actes qu'ils recevront, sous les mêmes peines,
&c.

Du 16 Aoust 1729.

* Arrest du Conseil, qui ordonne que les Droits de petits
Scels dûs dans les Procès & affaires concernant les Fermes
Generales, seront payés sur le pied fixé par le Tarif du 20
Mars 1708. en execution de la Declaration du 29 Septembre 1722. & que dans les Jurisdictions des Greniers à Sel
ils seront perçûs seulement sur les Requestes & Commissions
pour assigner, & sur les Jugemens diffinitifs, conformément
à celui du 26 Avril 1707. Et en interpretant en tant que de
besoin celui du 14 Septembre 1728. Ordonne que la
réduction & moderation du Droit de Controlle des Exploits à trois sols n'aura lieu que pour chacun de ceux qui seront faits à la requeste de l'Adjudicataire des Fermes Generales au sujet de la perception des Droits rétablis & reservés seulement, & à l'égard de tous les autres Exploits concernant lesdites Fermes, ordonne que lesdits Droits de
Controlle en seront payés sur le pied ordinaire & accoûtu-
mé ; à l'exception néanmoins de ceux qui seront faits au
sujet de la Regie & Perception des Droits sur les Huilles &
Savons, pour chacun desquels il ne sera payé que cinq sols,
conformément aux Arrests des 11 Mars & 21 Octobre

1710. & 24 Avril 1722. & qu'outre lesdits Droits de Seel
& du Controlle des Exploits moderés à trois sols, & à cinq
sols, les quatre sols pour livre seront perçus & demeureront
fixés, à l'égard dudit Controlle des Exploits, à un sol par
chacun Exploit, conformément à l'Arrest du Conseil & Lettres Patentes du 18 Mars 1718. &c.

Du 16 Aoust 1729.

Arrest du Conseil, qui ordonne sans avoir égard à
celui du 3 Decembre 1726. que ceux des 12 Septembre
1724. & 4 Fevrier 1726. seront executés selon leur forme
& teneur ; en consequence, que dans un mois, pour tout
délai, les Sieurs Mauzerand, ses Cautions & Associés seront
tenus de rendre compte à Loüis Bourgeois, Fermier General subrogé à Martin Girard, de la recette qu'ils ont faite depuis le premier Janvier 1717. de toutes les amendes arbitraires & de condamnations comprises dans leurs Traités qui
ont lieu du premier Janvier 1704. jusques & compris le dernier Decembre 1717. & de lui payer les sommes qui peuvent lui revenir jusques & compris le dernier Septembre
1726. le tout conformément ausdits Arrests des 12 Septembre 1724. & 4 Fevrier 1726. à l'effet de quoi lesdits Mauzerand, ses Cautions & Associés remettront audit Bourgeois tous les Rolles des amendes prononcées pendant le
temps de leurs Traités, tant dans les Conseils de Sa Majesté, Commissions extraordinaires desdits Conseils que dans
les Cours, Sieges & Jurisdictions de la Ville de Paris, ensemble les Registres de la recette qu'ils ont faite desdites
amendes, à la charge par ledit Bourgeois de leur compter
de la portion qui leur appartient dans lesdites amendes, dont
le Recouvrement se trouvera avoir été fait pendant que la
Regie de Girard a eu lieu, & faute par lesdits Mauzerand,
ses Cautions ou Associez, de rendre compte audit Bourgeois dans le délai d'un mois ci-dessus fixé, & de lui payer
les sommes qui peuvent lui revenir, les condamne de payer
audit Bourgeois, par provision, la somme de cinquante mille
livres, au payement de laquelle ils seront solidairement con-

traints comme pour les propres deniers & Affaires de Sa Majesté ; ordonne en outre que lesdits Mauzerand , ses Cautions ou Associés & François Legras , chargé du Traité , se rendront reciproquement compte des amendes Arbitraires & de condamnations que chacun d'eux peuvent avoir reçûs , & de s'en payer les uns aux autres les portions qui leur en appartiennent ; comme aussi que ledit Legras sera tenu à l'avenir de rendre compte audit Mauzerand & Associés , & de leur payer la portion qui leur revient dans lesdites amendes, à proportion que le Recouvrement en sera fait, &c.

Du 23 Aoust 1729.

* Arrest du Conseil, qui proroge par grace speciale jusqu'au dernier Decembre 1729. le délai accordé par celui du 9 Novembre 1728. pour le Controlle des Actes de foi & hommage, Adjudications de Bois & autres Actes de nature à pouvoir être faits également pardevant Notaires , ensemble des Reconnoissances aux Papiers Terriers qui ont été passés jusqu'à present , & des aveux & dénombremens sous signature privée fournis aux Chambres des Comptes & Bureaux des Finances ; au moyen duquel Controlle & payement des Droits sur le pied du Tarif du 29 Septembre 1722. Sa Majesté a en tant que de besoin , validé lesdits Actes, & relevé des peines de nullité & amendes, encore qu'il y ait eu des Arrests ou Ordonnances de condamnation , lesquels Actes n'auront force & vertu que du jour qu'ils auront été controllés , passé lequel délai lesdits Actes de foi & hommage , Adjudications de Bois & autres Actes reçûs par les Juges & Greffiers, les Declarations ou Reconnoissances aux Papiers Terriers, & les aveux & dénombremens faits sous signature privée ou autrement, qui ne se trouveront pas avoir été controllés , demeureront nuls & de nul effet , ensemble les Actes de publication d'iceux, & tout ce qui aura été fait en consequence ; & les Vassaux, Juges, Procureurs, Greffieurs , Huissiers & autres Officiers contraints au payement des amendes prononcées par les Reglemens, &c.

Du 13 Septembre 1729.

Arreſt du Conſeil, qui évoque à icelui les conteſtations pendantes en la Cour des Aydes de Paris, entre Jean-Baptiſte Rogier, ci-devant Receveur ambulant du Controlle des Actes & Droits y joints dans la Generalité de Châlons, & Loüis Bourgeois, Fermier General des Fermes-Unies & Droits y joints, pour raiſon des Comptes dudit Rogier; en conſequence, ordonne que les Parties ſeront tenuës de remettre inceſſamment leurs Pieces, Titres & Procedures entre les mains du Sieur Controlleur General des Finances, pour ſur ſon rapport être par Sa Majeſté ordonné ce qu'il appartiendra: leur fait défenſes de proceder ailleurs qu'au Conſeil, à peine de nullité des procedures, & de mille livres d'amende, &c.

Du 20 Septembre 1729.

* Arreſt du Conſeil, qui ordonne que dans les Quittances qui ſeront données par les Superieurs & Superieures des Convents & Monaſteres aux perſonnes chargées du payement des Dotes des Religieux & Religieuſes, les Notaires ſeront tenus d'y faire mention du Contrat de Dotation qui en aura été fait, & de l'inſinuation d'icelui, avec le nom du Bureau où il aura été inſinué, & de la ſomme reçûë; & faute par eux d'y ſatisfaire, ou dans le cas où il n'aura point été paſſé de Contrats de Dotation, le Droit d'Inſinuation ſera perçû ſur la ſomme énoncée dans la Quittance, en même temps qu'elle ſera controllée, &c.

Du 27 Septembre 1729.

* Arreſt du Conſeil, qui ordonne que celui du 10 Mai 1707. ſera executé ſelon ſa forme & teneur, & en conſequence, que les Titres Clericaux ou Sacerdotaux qui ne contiendront que des conſtitutions de Rentes viageres fixées à une ſomme annuelle, ſuivant l'uſage des Dioceſes, pour en

joüir

joüir par l'Aspirant aux Ordres pendant sa vie, seront exempts de la formalité & du payement des Droits d'Insinuations laïques, & assujettis seulement à l'Insinuation Ecclesiastique, & au Controlle des Actes concernant ces Droits ausquels Sa Majesté n'entend en rien déroger ni innover par icelui, & ce, soit que les parens de l'Aspirant aux Ordres où l'Aspirant lui-même affectent & hypotequent cette Rente sur le tout ou partie des immeubles à lui appartenans lors de ladite constitution, sans néanmoins que sous ce prétexte les donations d'immeubles pour servir de Titre Clerical puissent être dispensés de la formalité & du payement des Droits de l'Insinuation laïque, conformément à la Declaration du 20 Mars 1708. qui sera au surplus executée suivant sa forme & teneur, & sous les peines y portées, &c.

FIN.